CiEnNa
Gedankenchaos
Schmerz

CiEnNa

GEDANKENCHAOS

Bibliografische Information der Deutschen Nationalbibliothek:
Die Deutsche Nationalbibliothek verzeichnet diese Publikation
in der Deutschen Nationalbibliografie; detaillierte bibliografische Daten sind im Internet über http://dnb.dnb.de abrufbar.

Die automatisierte Analyse des Werkes, um daraus Informationen insbesondere über Muster, Trends und Korrelationen gemäß §44b UrhG („Text und Data Mining") zu gewinnen, ist untersagt.

© 2024 Nancy Albani

Verlag: BoD · Books on Demand GmbH, In de Tarpen 42,
22848 Norderstedt

Druck: Libri Plureos GmbH, Friedensallee 273, 22763 Hamburg

ISBN: 978-3-7597-9460-4

Vorwort

Mit Schreiben habe ich begonnen, um den Schmerz einer Trennung zu verarbeitet, oder zumindest habe ich es versucht. Es tat sehr lange weh, aber das Schreiben nahm mir den Druck von der Seele.
Mein Laptop ist der beste Psychiater auf der Welt. Er verschreibt mir keinen Pillen die mich wie einen Zombie durch die Gegend laufen lassen. Er hört zu, ohne mir einreden zu wollen das alles aus einer schweren Kindheit kommt. Er gibt meine Worte genauso wieder wie ich sie ihm eingegeben habe.
Waren Sie schon einmal bei einem Psychiater Lassen Sie sich mal den Arztbrief aushändigen, Sie werden erstaunt sein, was sie plötzlich für Dinge gesagt haben.
Als ich bei einem war, habe ich am Ende ernsthaft überlegt wer von uns wirklich einen brauchte.

7 Jahre ist es nun her, dass ich diese Worte verfasste. 7 Jahre alles auf einem Stick gesichert, in eine Schublade gelagert. Beim Aufräumen fiel er mir in die Hände und nun ist es an der Zeit die Worte freizulassen.
Es wird sich sicher der ein oder andere darin wiederfinden. Ich möchte nur sagen, eine Trennung ist nicht das Ende der Welt, auch wenn es sehr lang dauern kann, bis man darüber hinwegkommt. Niemand verlangt, dass man das geschehene vergisst. Wenn es die eine Liebe war, werdet ihr sie nie vergessen. Sie wird euch im Herzen und Gedanken stets begleiten. Natürlich gibt es auch die, die der Meinung sind, man solle sich nicht so anstellen. Aber seid gewiss, diese eine Liebe haben sie noch nicht erfahren dürfen. Habt Freude am Leben, drückt eure Gefühle aus, aber lasst euch nicht unterkriegen.

Das Leben geht weiter, gebt euch niemals auf.

Denkt immer positiv.

Durch jede dunkle Wolke scheint irgendwann ein Sonnenstrahl.

Es geht immer weiter, glaubt an euch.

Und dann?

Das Handy?
Verstummt

Der Briefkasten?
Leer

Der Blick?
Geht ins nichts.

Die Tränen?
Laufen schweigend.

Die Sehnsucht?
Überwältigend.

Das Verlangen?
Nie erfüllt.

Die Nacht?
Zu kurz.

Der Tag?
Viel zu lang.

Der Schmerz?
Raubt mir den Atem,
schnürt den Magen ab.
Konzentration gleich null,
Elan kaum noch vorhanden.
Das Herz rast.

Erdrückende Stille

Die Zeit danach

Sehe ich einen Film, den wir zusammen gesehen habe,
denke ich an dich.
Laufe ich an einem Ort, an dem wir gelaufen sind,
denke ich an dich.
Esse ich etwas, was wir zusammen gegessen haben,
denke ich an dich.
Sehe ich etwas, was von dir dageblieben ist,
denke ich an dich.
Höre ich ein Lied, was wir zusammengehört haben,
denke ich an dich.
Fahre ich in eine Gegend, in die wir zusammen gefahren sind,
denke ich an dich.
Gehe ich in das Kino, in dem wir zusammen waren,
denke ich an dich.
Trage ich ein Kleidungsstück, das wir beide hatten,
denke ich an dich.
Rieche ich irgendwo dein Parfüm,
denke ich an dich.

Ich denke immer an dich,
denn es fühlt sich an, als wärst du erst gestern gegangen.

Unsere Pläne

Wir hatten viele Dinge gemeinsam,
Gefühle, Gedanken.

Was wir alles zusammen machen wollten?

Unser gemeinsames Spiel.
Alles verpackt in eine Kiste,
ohne dich macht es keinen Sinn.

Gemeinsam ein Picknick machen.
Im Sommer werde ich im Garten sitzen,
allein dem Wind lauschen.

Zusammen ans Meer fahren.
Nun fällt der Urlaub aus,
und ich bleibe zu Hause.

Gemeinsam alt werden,
in einem kleinen Hexenhäuschen leben.

Ich sah uns im Garten sitzen,
auf einer gemütlichen Bank,
nun werde ich diesen Traum nie leben.

Pläne, die ohne dich nicht ausführbar sind.

Sehnsucht

Sehnsucht nach DIR.
Sehnsucht nach deiner Liebe.
Sehnsucht nach deiner Wärme.
Sehnsucht nach deiner Geborgenheit.
Sehnsucht nach deiner Nähe.
Sehnsucht nach deinen Blicken.
Sehnsucht nach deinem Geruch.
Sehnsucht nach deinen Verrücktheiten.
Sehnsucht nach deinen Küssen.
Sehnsucht nach deiner Haut.
Sehnsucht nach deinem Duft.
Sehnsucht nach deiner Stimme.
Sehnsucht nach deinem Lachen.
Sehnsucht nach deinen Berührungen.
Sehnsucht nach deiner Einzigartigkeit.

Sehnsucht ist alles, was mir geblieben ist!!!

Alltag

Es ist Tag, die Sonne scheint hell,
das Herz schwer vor Traurigkeit.

Ein Streit verhallt im Wind,
die Stimmen verstummt.

Die Wege, die wir gemeinsam gingen,
gehe ich nun allein.

Die Nacht voll Dunkelheit,
lässt mich nicht zur Ruhe kommen.

Träume, die mich aus dem Schlaf reißen,
Gedanken die nicht ruhen wollen.

Ich rieche dein Parfum, sehe dich in anderen Gesichtern,
doch du bist es nicht.

Ich höre deine Stimme, drehe mich um,
doch du bist es nicht.

Nun geht jeder seinen eigenen Weg.
Ob das richtig war?

Was du jetzt tust

Es ist Mittwoch.
Wie immer hast du am Nachmittag frei.
Ich wollte das Wochenende zu dir kommen.

Du würdest jetzt einkaufen,
deine Bude in Ordnung bringen.
Mit mir schreiben.

Ich würde dir sagen, wie sehr ich mich auf das Wochenende freue,
dass ich es kaum erwarten kann, wieder Zeit mit dir allein zu verbringen.
Dich im Arm halten und die Wärme spüren.
Arm in Arm einschlafen.
Spazieren Hand in Hand,
kuschelnd einen Film genießen.
Die gemeinsame Zeit auskosten,
bis ich wieder fahren muss.

Nun sitze ich hier,
in meinem Kopf formen sich die Bilder.

Tränen suchen sich ihren Weg über meine Wangen.

Ich bin traurig,
denn sie werden nicht wahr.

Heute

Heute sind wir laufen gegangen,
wir haben über dich gesprochen,
was du machst, wie du dich fühlst.
Keine Antwort.

Heute haben wir gegrillt,
ich habe Speckbohnen gemacht,
aber sie schmeckten nicht wie sonst.
Du fehlst.

Heute saßen wir im Garten,
wollten dort essen, am Feuer sitzen,
ich habe es nur 5 min ausgehalten.
Dann musste ich gehen.

Die Sonne so warm,
heizte meine Haut auf,
und doch habe ich gefroren.

Jetzt sitze ich im Zimmer,
warte das der Tag zu Ende geht.
Das Handy liegt neben mir.

STUMM

Ohne dich

Ich liege unter Decken,
doch ich erfriere.

Ich schaue aus dem Fenster,
doch ich sehe nichts.

Ich habe Menschen um mich rum,
doch ich fühle mich allein.

Ich spreche mit Menschen,
doch ich höre nichts.

Ich esse,
doch ich schmecke nichts.

Ich stehe jeden Tag auf,
doch ich lebe nicht.

Ich lese ein Buch,
doch nehme ich den Text nicht auf.

Ich arbeite,
doch sind meine Gedanken nur bei dir.

Alles ist unwirklich geworden,
nur der Schmerz ist real.

Ich träume mich davon

Ich träume mich davon,
wenn ich traurig bin.

Ich träume mich davon,
wenn ich einsam bin.

Ich träume mich davon,
wenn ich allein sein will.

Ich träume mich davon,
wenn mich der Stress einholt.

Ich träume mich davon,
wenn mich jemand ärgert.

Ich träume mich davon,
wenn mein Herz schwer ist.

Ich träume mich davon,
wenn meine Seele weint.

Ich träume mich davon,
wenn du mir extrem fehlst.

Ich träume mich davon,
zu DIR!!!

Liebe

Liebe heilt alle Wunden,
heißt es.

Liebe macht uns glücklich,
heißt es.

Liebe lässt uns lachen,
heißt es.

Liebe ist Balsam für die Seele,
heißt es.

Liebe soll Mut machen,
heißt es.

Liebe hält uns zusammen,
heißt es.

Liebe hat Macht,
heißt es.

Liebe macht uns Stark,
heißt es.

Liebe verbindet,
heißt es.

Habe ich dich zu viel geliebt?
Habe ich dich zu wenig geliebt?
Warum war unsere Liebe nicht stark genug?

Fragen ohne Antwort.

Ein schöner Traum

Liegend auf einer Wiese schaue ich in den Himmel,
die Wolken ziehen vorbei.
Hase,
Fisch,
Krokodil,
Blätter...

Herzen....

Der Wind weht sachte um mich herum,
ich höre das Gras leise rauschen.

Ich schließe die Augen,
träume mich zu dir.

Ich nehme dich in den Arm,
flüstere dir zärtlich Worte ins Ohr.

Du erwiderst meine Berührung,
wir verlieren uns in dieser Umarmung.

Du bist mir ganz nah,
flüsterst: „ich muss jetzt gehen."

Ich öffne die Augen,
die Wolken ziehen vorbei.

Rastlos

Ich bin rastlos,
laufe von einem Platz zum anderen.

Ich schaue aus dem Fenster,
laufe durch das Haus.

Ich kann mich nicht konzentrieren,
kaum auf die Arbeit noch auf mein Hobby.

Meine Gedanken kreisen ständig um dich,
bisher konnte mich nichts ablenken.

Es wird schlimmer von Tag zu Tag,
nicht besser als man sagt.

Innere Unruhe ist mein ständiger Begleiter,
jeder Muskel verspannt.

Die Zeit schleicht vor sich hin,
der Tag scheint kein Ende zu nehmen.

In der Nacht reißen Träume mich aus dem Schlaf,
Gedanken darüber halten mich wach.

Wird es einst leichter?

Nein…

Warum?

Warum konntest du nicht mit mir positiv in die Zukunft sehen?
Warum konntest du nicht an meine Liebe glauben?
Warum konnte ich nicht stark genug für uns beide sein?
Warum konnten wir uns nicht alles sagen?
Warum sind wir jetzt entzweit?
Warum haben sich andere zwischen uns gedrängt?
Warum konnten wir nicht zusammenhalten?
Warum hast du nicht hinter mir gestanden?
Warum sitze ich hier und grüble jede Sekunde?
Warum ist es so schwer von dir zu lassen?
Warum tut es nur so unheimlich weh?
Warum heilt die Zeit keine Wunden?
Warum fehlst du mir so sehr?
Warum mussten wir uns zur falschen Zeit kennenlernen?

Warum liebe ich dich so sehr?

Unbeantwortete Fragen die mich ein Leben lang begleiten.

Mut

Mut ist nicht in den Krieg zu ziehen.
Mut ist nicht einen Berg zu besteigen.
Mut ist nicht einen See zu durchschwimmen.
Mut ist nicht von einer Brücke zu springen.

Mut ist, zu der einzig wahren Liebe zu stehen.

Mut kann man nicht kaufen.
Mut kann man nicht hinter einem Baum finden.
Mut bekommt man nicht geschenkt.
Mut kann man nicht erzwingen.

Mut kommt von innen.

Spürst du ihn?

Was ich dir sagen würde

Wie sehr ich dich liebe,
wie sehr du mir fehlst,
wie sehr ich dich brauche,
wie sehr ich dich vermisse.

Dein Blick,
dein schneller Herzschlag,
deine Wärme,
dein Lächeln,
deine zarten Lippen,
deine zärtlichen Hände,
deine weiche Haut,
dein Duft.

Ich würde dich in die Arme nehmen,
und nie mehr loslassen.

Ich würde all meine Liebe in einen Kuss packen.
Ich würde dich nie wieder gehen lassen.

Du bist mein Leben

Der Kampf

Ich liebte deinen Körper,
doch du hast dich dafür geschämt.

Ich liebte deinen Namen,
du hast ihn gehasst.

Ich war dick,
aber du hast mich so geliebt.
Ich nahm ab und es ging mir besser,
doch umgehen konntest du damit nicht

Ich konnte wieder viel mehr machen,
doch das hast du nicht sehen wollen.

Du wurdest krank,
ich war an deiner Seite.
Es gab für mich keinen Grund von dir zu gehen.

Mein Gewicht war nicht mehr wichtig,
bis du wieder auf den Beinen warst.
Dann kam das Problem zurück,
und noch einige mehr.

Du hast dich mir immer mehr entzogen,
bis du schließlich aufgegeben hast.
Ich hätte weitergekämpft,
wenn du mich gelassen hättest.

Nun schweigst du über deine Gefühle,
ich werde von meinen überrannt.
Kann sie nicht sagen, nicht zeigen,
nicht ausleben.

Du hast dich nie gebraucht gefühlt,
doch ich brauchte dich in meinem Leben.

Spüren

Als wir zusammen waren, hast du gespürt, wenn etwas nicht stimmte,
wenn es mir schlecht ging,
wenn meine Stimmung im Keller war,
wenn ich glücklich war.

Ich habe gespürt, wenn es dir schlecht ging,
du nicht gut drauf warst,
du nervös warst,
wenn du an mich gedacht hast.

Wir waren eins, seelenverwandt.

Spürst du jetzt, wie es mir geht?
Den Schmerz,
die Tränen,
die Sehnsucht,
das Verlangen,
die Trauer,
das Leid,
die Liebe für dich, die mich nie verlassen hat?

Spürst du das?

Streit

Streit gab es viel zu viel zwischen uns.

Streit wegen Kleinigkeiten.

Streit wegen Nichtigkeiten.

Streit aus Dummheit.

Streit aus Langeweile.

Streit wegen winzigen Unstimmigkeiten.

Streit wegen Missverständnissen.

Streit nur um gestritten zu haben.

Streit der unnötig weh tat.

Streit der viele Tränen hervorrief.

Streit der uns auseinander trieb.

Streit, Streit, Streit...

Streit den ich heute zutiefst bereue.

Meine Ängste

Wirst du dich wieder runterhungern?
Wirst du dich wieder verletzen?
Wirst du dich wieder auf den Falschen einlassen?
Wirst du auf deine Gesundheit achten?
Wird wieder etwas beim Autofahren passieren?
Wirst du dir selbst wieder mehr zumuten als du schaffst?
Wirst du dich wieder von den Kollegen runter machen lassen?

All das sind meine Ängste um dich.

Doch ich möchte keine Antworten darauf,
sie würden mich innerlich zerreißen.

Verändertes Sehen

Alles hat sich verändert,
die Farben des Himmels und der Blumen, verblasst.

Alles hat sich verändert,
die Gerüche, kaum wahrnehmbar.

Alles hat sich verändert,
jedes Essen schmeckt gleich.

Alles hat sich verändert,
das Buch, nicht mehr interessant.

Alles hat sich verändert,
der Film langweilig, ohne Emotion.

Alles hat sich verändert,
ich kann nie wieder so lieben.

Alles hat sich verändert,
ich kann niemals mehr so vertrauen.

Alles hat sich verändert,
meine Gedanken wiegen schwer.

Alles hat sich verändert,
meine Leichtigkeit verschwunden.

Ich weiß, du sagst es wird besser,
irgendwann ………

Doch es war eine Lüge

Was mir fehlt

Was mir fehlt?

Die erste Nachricht am Morgen:
„Guten Morgen süße..."

Das Wissen das du an mich denkst.

Deine ständige Sorge um mich.

Ab und an ein liebes Wort.

Das Wissen vermisst zu werden.

Ein kleiner Witz zwischendurch.

Gemeinsames lachen über eine Dummheit.

Ein überraschendes Foto von dir.

Die letzte Nachricht am Abend:
„Gute Nacht, träum schön.
Ich liebe Dich. Bye „

Aber am allermeisten fehlt mir:

DU!!!!!

Worte

Worte aus Liebe, Vertrauen, Zuneigung.
Zärtlich geflüstert, heißer gewispert.

Worte aus Misstrauen, Verzweiflung, Eifersucht.
Laut gebrüllt, von Tränen erstickt.

Worte haben eine große Macht,
sie können helfen,
Mut machen,
beglücken,
verzücken,
beleben,
erheitern,
glücklich machen.

Sie können die Hoffnung nehmen,
beleidigen,
zerstören,
verärgern,
entmutigen,
niederschmettern,
deprimieren.

Falsche Worte lassen uns ganz verstummen

Wünsche

Ein glückliches Leben mit dir, habe ich mir gewünscht.
Das es funktionieren würde mit uns, habe ich mir gewünscht.
Unsere gemeinsame Leidenschaft Ausleben, habe ich mir gewünscht.
Viele glückliche Stunden mit dir, habe ich mir gewünscht.
Zärtlichkeit und Liebe, habe ich mir gewünscht.
Geborgenheit und Zuversicht, habe ich mir gewünscht.
Lachen und Reden mit dir, habe ich mir gewünscht.
Das es dir immer gut geht, habe ich mir gewünscht.
Das du positiv denkst, habe ich mir gewünscht.
Das du an unsere Liebe glaubst, habe ich mir gewünscht.
Das du an mich glaubst, habe ich mir gewünscht.
Das unsere Liebe stark genug ist, habe ich mir gewünscht.
Das wir gemeinsam uralt werden, habe ich mir gewünscht

Doch diese Wünsche konntest du mir nicht erfüllen,
so wie ich dir den EINEN Wunsch nicht erfüllen konnte.

Trend

Braune Autos sind Trend.

Sushi ist Trend.

Smart Phons sind Trend.

Bunte Schuhe sind Trend.

Häkelmützen sind Trend.

Make Up ist Trend.

Glitzer ist Trend.

Nageldesign ist Trend.

Schrille Frisuren sind Trend.

TRENNUNG ist Trend.

Wir sind nie mit dem Trend gegangen,
doch nun hast du beschlossen genau **diesem** Trend zu folgen.

Traurigkeit

Traurigkeit frisst mein Lachen,
nimmt mir den Hunger.

Traurigkeit macht mich müde,
nimmt mir die Kraft.

Traurigkeit nimmt mir den Mut,
nimmt mir die Freude.

Traurigkeit lässt mich verstummen,
macht mein Herz schwer.

Traurigkeit nimmt mir den Atem,
wenn ich uns in Gedanken sehe.

Traurigkeit tief in meinem Innersten verborgen,
auch nach all den Jahren.

Wie lange wird es andauern?

Stille

Stille,
die Gedanken laut werden lässt.

Stille,
die das Herz schwer wiegen lässt.

Stille,
die die Seele schreien lässt.

Stille,
die kaum zu ertragen ist.

Stille,
die sich im Kopf breit macht.

Stille,
die alles andere übertönt.

Stille,
die nie enden will.

Nur ein Ton von dir und die Stille wäre besiegt.

Zeichen

Schick mir ein Zeichen,
wenn du mich noch liebst.

Schick mir ein Zeichen,
wenn du mich noch willst.

Schick mir ein Zeichen,
wenn du noch an mich denkst.

Schick mir ein Zeichen,
wenn ich noch zu dir gehöre.

Schick mir ein Zeichen,
wenn du mich noch brauchst.

Schick mir ein Zeichen,
wenn mein Hoffen nicht umsonst ist.

Schick mir ein Zeichen,
dass ich dich wieder sehe.

Schick mir ein Zeichen,
dass es wieder gut werden kann.

Schick mir ein Zeichen,
und wenn es nur ein ganz kleines ist.

Schick mir ein Zeichen…

Tattoo

Bilder zieren meinen Körper,
jedes hat eine Geschichte.
Auch du bist verewigt, ich bereue es nicht.
Du warst ein großer Teil in meinem Leben,
ich trage es mit Stolz.

„Wie konntest du das tun?",
fragen mich andere.
Doch das ist mir egal,
denn ich trage es mit Stolz

Ich werde immer an dich denken,
in meinem Herzen hast du immer einen Platz.
Ich werde dich nie vergessen,
denn ich trage es mit Stolz.

Danke

Danke für die Zeit,
die ich mit dir verbringen durfte.

Danke für die Zärtlichkeit,
die ich mit dir teilen durfte.

Danke für die Liebe,
die du mir all die Jahre gegeben hast.

Danke für dein Vertrauen,
dass du mir entgegengebracht hast.

Danke das du immer hinter mir standest,
du immer für mich da warst.

Danke für die Stunden,
die wir glücklich waren.

Danke für alles,
was wir zusammen erlebt haben.

Danke das es DICH in meinem Leben gab.

Liebe ist der größte Schmerz

Schmerzen hast Du ertragen, Schmerzen wirst Du ertragen müssen.

Wie schwer es ist die richtige Wahl zu treffen hast Du oft erlebt,
die richtige Wahl war es jedoch nie.

Erst starke Gefühle und Hoffnung, dann Enttäuschung und Schmerz.

Die Freude auf den anderen, nicht von langer Dauer.

Unsere Trennung, durch dich ausgelöst,
riss Dich in Verzweiflung und Trauer.

Doch das Leben ist nicht zu Ende und aufstehen wirst Du Tag für Tag.

Enttäuschung

Dann kam die Enttäuschung,
die Enttäuschung darüber, dass du nicht mehr da bist,
vorher nicht mit mir gesprochen hast,
per WhatsApp unsere gemeinsame Zeit beendet hast,
es keine Aussprache gab.

Die Enttäuschung, dass alles Gesagte nichts mehr wert war,
die gemeinsame Zukunft weggeworfen,
Träume zerstört,
Vertrauen gebrochen.

Die Enttäuschung, dass du mich mit der Situation alleingelassen hast,
ich mit meinen Gefühlen und Gedanken allein klarkommen musste,
ich von nun an ohne dich leben muss.

Jahre später...

Mein Herz brach,
als du dich gegen uns entschieden hast.
Seitdem weint es jeden Tag um die verlorene Liebe.

Darum frage ich dich,
wie soll es heilen, wenn ich die verlorene Liebe nie wieder spüren darf?

Wie soll es heilen,
wenn du nicht an meiner Seite bist?

Wie soll es heilen,
wenn ich nie wieder unbeschwert mit dir reden kann?

Wie soll es heilen,
wenn du die Scherben bei dir trägst?

Wie soll es heilen, wenn ich DICH nie wieder sehen darf?

Um Antwort wird gebeten!!!

**Gedanken
über alles
Mögliche
in dieser Welt**

Ich bin ich

Ich bin nicht wie andere,
ich kleide mich nicht wie andere,
ich höre nicht die Musik wie andere,
ich glaube nicht wie andere,
ich tue nicht was andere von mir erwarten,
ich handle nicht wie andere,
ich trauere nicht wie andere,
ich lebe nicht wie andere,
ich liebe nicht wie andere,
ich ordne mich nicht unter wie andere,
ich sehe Dinge nicht wie andere,
ich sehe die Welt nicht wie andere,
ich ändere mich nicht für andere.

Ich bin ich

Schubladendenken

Ihr seht mich an
und glaubt zu wissen, wie ich bin,
wie ich denke,
wie ich fühle.

Ihr seht mich an
und seht nur schwarze Kleidung,
viele Tätowierungen.

Ihr seht mich an
und steckt mich in eine Schublade,
geht mir aus dem Weg,
sprecht hinter meinem Rücken über mich.

Ihr glaubt ich weiß das nicht?
Eure Blicke sprechen Bände,
euer Verhalten zeigt es mir Tag für Tag.

Doch habt ihr euch nur einmal gefragt, wie ich wirklich bin?
Wie ich denke?
Wie ich fühle?

Nein, nicht einmal!!!

Das Leben

Das Leben schickt uns auf eine Reise.

Gehen wir den richtigen Weg,
leben wir glücklich und zufrieden.

Gehen wir den falschen Weg,
leben wir Leid und Schmerz.

Dann kommt plötzlich ein neuer Mensch in dein Leben,
alles verändert sich.
Du glaubst es wird funktionieren,
am Anfang sieht es auch gut aus.

Dann kommt der Zweifel,
und alles zerbricht.

Ich dachte meine Liebe wäre stark genug für uns beide,
wir würden das schon überstehen.

Dann hast du uns aufgegeben.

Nun stehe ich hier und ringe mit den Tränen.

Tierische Freunde

Viele Jahre hast Du mit uns verbracht,
hast uns Liebe gegeben ohne eine Gegenleistung zu erwarten.

Hast uns auf Trab gehalten,
wenn du in Spiellaune warst.

Warst für uns da, wenn es uns nicht gut ging,
hast immer zugehört auch wenn du uns nicht verstanden hast.

Doch auch für Dich ist das Leben einst vorbei,
in Trauer und Schmerz nehmen wir Abschied von Dir.

Im Herzen wirst Du immer bei uns sein,
nach unserem Tod treffen wir uns wieder,
hinter der Regenbogenbrücke.

Vielleicht

Ich hasse das Wort Vielleicht!!!

Vielleicht schaffen wir es,
vielleicht auch nicht.

Vielleicht werden wir zusammen alt,
vielleicht auch nicht.

Vielleicht werden die Tränen trocknen,
vielleicht auch nicht.

Vielleicht sieht man bald alles wieder positiv,
vielleicht auch nicht.

Vielleicht sehen wir uns wieder,
vielleicht auch nicht.

Vielleicht lieben wir uns für immer,
vielleicht auch nicht.

Vielleicht werden wir immer aneinanderhängen, ohne zusammen zu sein,
vielleicht auch nicht.

Vielleicht ist ein Wort, das nichtssagender nicht sein kann.
Ein Wort, um nicht klar sagen zu müssen, wie es ist.
Es würden nicht so viele Dinge unbeantwortet bleiben,
würden wir es einfach weg lassen...

JA oder NEIN

Tanzende Engel

Schnee bedeckt die Weiten der Erde,
feine Flocken fallen vom Himmel.

In der Luft ein wildes Treiben,
bei genauem Hinsehen die Engel erkannt.

Sie tanzen ausgelassen im Wind,
sind erfüllt von Freude.

Sie lächeln mir zu,
spenden Trost und Zuversicht in dieser kaltgewordenen Welt.

Sie setzen sich auf meine warme Haut und beenden ihr Dasein.

Abschied

Ich höre Flügelschlagen,
schaue zum Himmel hoch.

Ein Engel kommt herangeflogen
Und will Dich mit sich nehmen.

Ich schau Dich an und frage mich:
Sind wir bereit uns zu verlassen?

Eine Antwort bekomme ich nicht,
doch Du entfernst Dich immer mehr.

Was hast Du Dir dabei gedacht,
als Du gingst in dieser Nacht.

Liest mich stehn hier ganz allein,
wolltest nicht mehr bei mir sein.

Tränen

Tränen des Glücks.
Tränen der Liebe.
Tränen des Wiedersehens.
Tränen des Abschieds.
Tränen des Vermissens.
Tränen der Trauer.
Tränen der Wut.
Tränen der Enttäuschung.
Tränen der Angst.
Tränen des Schmerzes.
Tränen der Einsamkeit.

Tränen gehören zum Leben dazu,
sie schmecken immer gleich.

Vergossen werden sie viel zu viel,
oft wegen Missverständnissen.

Mit viel Zeit werden die Tränen trocknen,
mit ganz viel Zeit.

Keine Chance auf Leben

Starre Kinderaugen, regungslos, kleine kalte Körper.
Weggeschmissen wie ein Stück Abfall.

Ungeliebt von erster Stunde an,
ungewollt ein Leben lang.

Ihr habt die Chance auf ein schönes Leben nie bekommen,
eure Schutzbefohlenen haben es euch auf grausame Weise genommen,
direkt nach der Geburt oder in eurem jungen Leben.

Gequält, misshandelt, verhungert,
verkauft an Fremde,

Mitleid hat mit euch niemand gehabt,
nur wenige werden gerecht bestraft.

Aber eines ist gewiss:
da wo ihr jetzt seid, werdet ihr geliebt, gewollt und nie allein.
Keine Tränen mehr, nur noch Freude.

Missbraucht

Kleine zarte Körper, dicke verquollene Augen, stumm aus Angst.
Jede Nacht Alpträume, Schlaflosigkeit, Panik das die Tür aufgeht.
Panik vor dem nächsten Weggang der Eltern.
Panik auf dem Schulweg oder dem Spielplatz.

Wann wird das nächste Mal sein?
Wer wird es sein?
Der Vater, die Mutter, Schwester oder Bruder?
Der Onkel, Cousine oder Tante?
Der Nachbar oder die Nachbarin?
Ein Fremder oder eine Fremde?

Die Seelen der Kinder schreien auf, gehört werden sie nicht.
Türen werden geschlossen, Angehörige schweigen oder helfen gar noch.
Ein grausames Spiel, ein Leben lang gezeichnet.
Drohungen, Erpressungen, Alltag.

Kein Vertrauen, keine Liebe ohne Hass.
Die Erlösung kommt erst mit dem Alter, doch die meisten schweigen.
Gebrochen für ein Leben lang.

SCHWEIGT NICHT!!!!!

SCHREIT!!!!!

Sanfter Tod

Ich stehe hier, von Kälte durchdrungen.
Die Welt in Schnee gedeckt, voll Kummer und Leid.
Der Atem heiß in kalter Luft.
Die Schwere meines Lebens erdrückt mich.
Gedanken der Vergangenheit, Gedanken der Gegenwart, Gedanken der Zukunft,
lassen mich nicht zur Ruhe kommen.

Plötzlich wird es warm.
Eine sanfte Berührung lässt mich erschauern.
Ich sehe an mir herab, umhüllt von einer Engelsschwinge.
Die Welt, nun wunderschön in ihrem weißen Mantel.
Gedanken lösen sich auf.
Ich schwebe davon.

Verhungert

Nichts zu essen, nichts zu trinken,
in einem verdreckten Zimmer, völlig allein.

In Verunreinigungen liegend, offene Haut,
von Maden und Fliegen übersät.

Ausgehungerte Körper, blau geschlagen, Narben von zugefügten Wunden.

Krank durch unmenschliche Missstände,
nur eine Last.

Schreie und Hilferufe werden nur selten gehört.

Personen, die helfen könnten, schauen weg.

Die Erlösung ist meist der Tod.

Kleine Gräber ebnen den Weg und zerreißen mir das Herz.

Der Weg

Glücklich,
am Anfang.

Traurig,
von Zeit zu Zeit immer mehr.

Enttäuscht,
durch deinen Wandel.

Verletzt,
durch deine Worte.

Ruhig,
ich will nicht mehr diskutieren.

Zurückgezogen,
täglich Vorwürfe und Sticheleien.

Still,
wann kommt der nächste Ausbruch.

Nachdenklich,
wie lange halte ich das noch aus.

Erschöpft,
meine Kraft geht zu Ende.

Alles ist gut

Solang du im Mittelpunkt stehst,
ist alles gut

Solang es so läuft wie du es willst,
ist alles gut

Solang du alles erfährst,
ist alles gut

Solang ich nur für dich da bin,
ist alles gut

Solang ich mit dir überall hinfahre,
ist alles gut

Solang ich meine Meinung nicht ändere,
ist alles gut

Solang ich mich nicht gegen dich stelle,
ist alles gut

Solang ich das sage, was du hören willst,
ist alles gut

Solang du deinen Willen bekommst,
ist alles gut

Irgendwann kommt der Tag,
dann wird für mich wieder alles gut sein

Alltag

Sauer ohne Grund

Wütend von jetzt auf gleich

Seitenhiebe

Sticheleien

Eifersucht

Vorhaltungen und Vorwürfe

Beleidigungen

Unzufrieden

Du wendest dich ab

Doch an allem bist du schuld

Veränderungen musst du herbeiführen

Für Unterhaltung hast du zu sorgen

Um Ausflugsziele musst du dich kümmern

Nennst du das eine Beziehung?

Aufpassen

Aufpassen was du sagst

Aufpassen wie du es sagst

Aufpassen was du tust

Aufpassen was du trägst

Aufpassen wie du dich stylst

Aufpassen das du genug Zeit mit ihm verbringst

Aufpassen das du nicht viel ohne ihn machst

Aufpassen wen du anschaust

Aufpassen mit wem du schreibst

Aufpassen mit wem du redest

Aufpassen, aufpassen, aufpassen...

Damit er nicht wütend wird.

Wie es dir geht?

Das Herz in einem Käfig gefangen.

Eine Klammer um den Magen gespannt.

Stacheldraht, der sich ruhelos in dir bewegt.

Gedanken, die deinen Kopf sprengen.

Tonnenschwere Last auf deinen Schultern.

Extrem hoher Cortisolspiegel.

Wunde Haut.

Schlafstörungen.

Verschwundenes Lächeln.

Ein Sturm tobt in dir.

Schreie unterdrückt,

der Hals wie in einer Schlinge.

Doch das bildest du dir nur ein,

denn er macht dir keinen Stress.

Entschuldigung…du vergaßt!

Martyrium

Schmerzen jeden Tag, jede Nacht.
Müde erwache ich jeden Morgen.
Die tägliche Frage: „Was wird heute sein?"
Von Ärzten jahrelang herumgereicht und doch keine Hilfe.
Zum Psychiater geschickt, weil niemand Rat weiß.
Mit Tabletten vollgepumpt in der Hoffnung auf Linderung.
Ich fühlte mich wie ein lebender Zombie,
unverstanden und allein.
Mein ständiger Begleiter: Zorn und Misstrauen.
Überall sah ich nur das schlechte.
Nach Jahren der Qual mit viel Glück eine Diagnose.
Nun kann ich aufbauen, mich mit anderen austauschen,
mein Leben wieder lebenswert machen.
Mich selbst stärken und meine Erfahrungen weitergeben.

Das Leben hat einen Sinn, den jeder für sich selbst finden muss,
aber eins steht fest:

Lasst euch nicht unterkriegen!!!
Ihr seid nicht allein!!!

Milton Keynes UK
Ingram Content Group UK Ltd.
UKHW032330221024
449917UK00004B/241